On va marier l'Fernand

de

Piou DAHENNE

Editions ART ET COMEDIE
2, rue des Tanneries
75013 PARIS

NOTE DE L'AUTEUR

J'ai la soixantaine et, d'aussi loin que je me souvienne, j'ai toujours eu le goût du théâtre et de la mise en scène.

Mais l'écriture est venue beaucoup plus tard, à cause ou grâce à de graves problèmes de santé. La vie ne nous réserve pas que de bonnes surprises, mais n'étant pas d'un naturel à me laisser abattre, j'ai chaque fois préféré affronter les ennuis, me disant qu'ils n'auraient pas « ma peau » aussi facilement. Partant du principe que les rides du rire sont les plus belles, je n'écris que du comique. Et « On va marier l'Fernand » est un réel remède contre la morosité.

Piou Dahenne

PERSONNAGES

La mère, vieille paysanne, mère de Fernand, appelée aussi « la Marie » ou « la vieille ».

Germaine, une vieille paysanne, amie de la mère.

La fille, une jeune femme Canadienne (si possible prendre l'accent canadien).

Fernand, un paysan mal dégrossi.

Le patron, patron d'agence matrimoniale, efféminé.

ACTE 1

Dans la cuisine d'une ferme, une vieille femme est assise dans un coin. On frappe très fort à la porte, elle n'entend pas ; elle est sourde. Germaine entre, une miche de pain à la main.

GERMAINE - Toujours aussi sourde, la vieille ! Tiens, voilà ta miche.

LA MÈRE - Ah, te voilà ! Ben ma pauvre Germaine, t'as l'air ben refroidie.

GERMAINE - Faut dire qu'avec ce temps de gueux…

LA MÈRE - Merci. T'as ben l'temps de t'asseoir cinq minutes et de prendre un café ?

GERMAINE - Pour sûr que j'ai l'temps. Alors, comment qu'ça va ici ?

LA MÈRE - Oh ! je traîne ma vieille carcasse comme je peux.

GERMAINE - Et l'Fernand ?

LA MÈRE - M'en parle pas ! J'ai ben du souci avec lui.

GERMAINE - Qu'est-ce qu'il a encore fait ce grand couillon ?

7

LA MÈRE - Rien, c'est à cause qu'il y a trop de travail ici. Et moi je suis plus bonne à rien.

GERMAINE - Ma pauvre vieille, c'est sûr que tout seul, l'Fernand va pas y arriver. Pourquoi il se trouverait pas une femme ?

LA MÈRE - Il dit toujours qu'il a ben l'temps d'en trouver une.

GERMAINE - A son âge, y a ben longtemps qu'le Marcel m'avait trouvée.

LA MÈRE - Mon pauvre Gustave aussi. Mais l'Fernand quand je lui parle de se trouver une femme… Ah, bon Diou ! c'est pire que de parler à une mule ! Son père tout craché.

GERMAINE - Pourtant, une femme pour l'aider dans les champs, ce serait bien.

LA MÈRE - Je sais, mais l'Fernand c'est une vraie tête de mule que j'te dis. En plus, maintenant, même les bestiaux j'peux plus m'en occuper.

GERMAINE - A plus forte raison, il lui en faudrait une bien costaude, et pas feignasse. Mais, j'y pense : tu devrais lui dire d'aller à la ville, dans une agence matrio… non, matria… non, enfin « matri » quelque chose.

LA MÈRE - Et c'est quoi cette chose ?

GERMAINE - C'est… attends… comment dire ça… c'est une maison où il y a des filles.

LA MÈRE *(en colère)* - Non mais ça va pas la Germaine de dire ça ? Mon Fernand ira pas là-dedans ! Mais qu'est-ce qui te prend de raconter des cochonneries ?

GERMAINE - Mais non, c'est pas ce que tu crois ! C'est comme qui dirait un magasin où tu viendrais chercher une fille pour te marier, voilà.

LA MÈRE - Ah bon ! Ça existe, ça ?

GERMAINE - Pour sûr que ça existe ! Le Gaston, lui, c'est comme ça qu'il a trouvé la Simone, et pourtant le Gaston c'est pas un cadeau. Il est allé à la ville dans une agence matrimoniale… Ça y est, c'est ça : une agence matrimoniale… Et là il a trouvé sa bergère.

LA MÈRE - C'est ben compliqué tout ça, je sais pas ben si mon Fernand y va vouloir.

GERMAINE - Ecoute, j'ai une idée : j'vas dire au Gaston d'en causer au Fernand. Il lui racontera comment qu'il a fait. Allez la Marie, l'est ben temps que je m'en retourne, le Marcel doit m'attendre. Et sans moi, y serait pas foutu de se faire chauffer la soupe. Bon Diou, ces hommes !

LA MÈRE - Mon pauvre Gustave non plus y savait pas. Pas fcignant, mais à la maison, pas foutu de trouver une petite cuillère. Mais la gnôle, ça il savait bien où elle était.

GERMAINE - Le Marcel lui non plus y crache pas sur la gnôle. Un petit coup par-ci quand il rentre, un petit coup par-là quand il sort… C'est pour la route, qu'il dit. Ah ! c'est pas un cadeau, tu peux me croire. Je dis toujours : « On changerait de bonhomme, on s'en rendrait pas compte. » Tous les mêmes ! *(Au public.)* Parfaitement, tous les mêmes ! *(Puis s'adressant à une spectatrice dans le public.)* Hein, madame ? *(S'adressant à nouveau au public.)* Ah ! vous voyez, même elle !

La mère *(s'adressant au public et en se moquant d'un homme à côté de la spectatrice)* - Et à voir la tête de son gars, lui aussi doit savoir où elle est, la gnôle !

Germaine *(rigolarde, elle regarde l'homme)* - Ah, c'est pourtant vrai qu'il doit biberonner sec son petit gars. *(A la mère.)* Bon c'est pas que je m'ennuie, mais faut que j'y aille. Allez la Marie, à la semaine prochaine et porte-toi bien.

La mère - Bonsoir la Germaine. Merci et à la revoyure !

> *Fernand arrive. Il revient des champs et porte un broc d'eau à la main. Il enlève ses sabots et dépose l'eau à côté du réchaud.*

Fernand - Oh, vingt Diou ! quel boulot ! J't'l'dis la vieille, j'vas plus y arriver tout seul.

La mère - Ben mon gars, fais comme l'Gaston : prends-toi une femme.

Fernand - Une femme ? Les filles de maintenant, tu sais… et à mon âge !

La mère - Pour sûr qu'les filles de maintenant c'est pas comme avant. Dans l'temps elles étaient bien. Regarde-moi… *(Elle se montre au public, le tableau est affligeant.)* Maintenant, c'est chichi et compagnie. Mais l'Gaston l'en a ben trouvé une costaude. T'es quand même pas plus bête que cette vieille carne ! *(Elle lui sert un café dans un grand bol.)*

Fernand - Ouais, peut-être ben, mais t'as vu le tableau ? Elle a des moustaches comme l'Gaston ! En plus elle est pas fufute, fufute, c'est moi qui te le dis ! Alors non merci.

La mère - Ben mon p'tit gars, c'est pas derrière une meule que tu vas la trouver ! L'Gaston lui l'est allé à la ville. La Germaine m'a dit aussi qu'le Gaston allait te causer.

Fernand *(commence à couper un morceau de pain et à le tremper dans le café)* - L'Gaston ? Qu'est-ce qu'il me veut ?

La mère - Elle m'a dit qu'il te donnerait l'adresse d'une urgence matri… je ne sais plus très bien, mais c'est là-dedans qu'le Gaston a trouvé sa femme.

Fernand *(s'étrangle)* - La Germaine ! T'as parlé de ça à la Germaine ?

La mère - Ben oui, la Germaine ! Avec qui d'autre veux-tu qu'j'en parle ?

Fernand - Pas la peine d'en parler à d'autres. Pour sûr qu'avec elle, tout le village sera au courant. Y vont se foutre de ma gueule, au bistrot.

La mère - Et alors ? Vaut mieux ça que de continuer seul à trimer comme une bête. Regarde l'Gaston, elle est pas manchote la sienne.

Fernand - Peut-être ben, mais t'as vu la tronche qu'elle a ?

La mère - T'es pas obligé de prendre la même, ils en ont peut-être d'une autre sorte.

Fernand - J'espère, parce que celle de ce pauvre Gaston…

La mère *(énervée)* - Quoi, le « pauvre Gaston » ? C'est pas une feignante, la sienne. La Germaine m'a dit : « Faut la voir dans les champs, la Simone. »

FERNAND - Ouais, mais on n'est pas toujours dans les champs. *(Le téléphone sonne. Il va répondre.)* Allô !

LA MÈRE - C'est qui ?

FERNAND *(à sa mère)* - C'est l'Gaston. *(Puis, au téléphone.)* Ah ouais ! (…) Ouais, c'est ça. C'est la mère qui veut. (…) Attends, je prends un crayon. (…) Agence Duo, numéro de téléphone… (…) Ouais, j'ai écrit. Merci l'Gaston, à la revoyure. *(Il raccroche.)*

LA MÈRE - Il a dit quoi ?

FERNAND - Il a donné l'adresse et le numéro de téléphone de l'urgence matriale.

LA MÈRE - Allez mon gars, téléphone z'y.

FERNAND - J'y vas tout à l'heure.

LA MÈRE - Crénom de non, téléphone z'y tout de suite que j'te dis !

FERNAND - Mais j'sais pas si j'vas oser…

LA MÈRE - Nom de Diou de nom de Diou ! Quelle tête de mule !

FERNAND - T'énerve pas la mère, j'y vas. *(Il téléphone.)* Allô !… Allô, c'est l'urgence ? *(Puis s'adressant à sa mère.)* Y comprend rien.

LA MÈRE - Répète pour voir.

FERNAND *(au téléphone)* - Allô, c'est l'urgence matriale ? *(S'adressant à sa mère.)* J'te dis y comprend rien.

LA MÈRE - C'est peut-être parce que t'as pas dit bonjour. Répète.

FERNAND *(au téléphone)* - Bonjour m'sieur, je voudrais parler à l'urgence matriale. (…) Ouais c'est ça, je voudrais savoir comment faire pour se marier. (…) Ouais… ouais… (…) Et comment qu'je fais pour aller vous voir ? L'tracteur l'est en panne ! (…) Ben ouais. Ce serait ben, ça, si vous venez me voir… un jour.

LA MÈRE - Il dit quoi ?

FERNAND *(à la mère)* - Qu'il peut venir un jour.

LA MÈRE *(parlant très fort)* - Dis-lui demain.

FERNAND *(au téléphone)* - Moi je peux attendre, c'est la mère qui veut demain. (…) L'adresse ? Quelle adresse ? (…) Ah ! la mienne ? Ben c'est à Cucuron… Que je vous dise pour venir ? Oui, c'est facile. Quand vous êtes à Cucuron c'est à droite et en haut de la côte, il y a une ferme avec un tracteur en panne devant la porte. Eh bien c'est là. (…) Alors c'est ça. A demain. *(Il raccroche.)*

LA MÈRE - Alors il a dit quoi ?

FERNAND - Qu'il vient demain. T'es contente ?

LA MÈRE - Ouais, mais l'était temps.

ACTE 2

Le lendemain. On frappe à la porte. Fernand, seul, va ouvrir. Le patron de l'agence matrimoniale, effeminé, entre.

LE PATRON - Bonjour monsieur, je cherche la ferme de M. Fernand.

FERNAND - C'est ici, c'est moi l'Fernand. Vous êtes le monsieur de l'urgence matriale ? Entrez.

LE PATRON - Ah oui, vous voulez sûrement dire de « l'agence matrimoniale » ? Oui, c'est moi… Oh ! là ! là ! Il ne fait pas chaud aujourd'hui.

FERNAND - J'vas vous donner un petit remontant, ça vous réchauffera. En attendant, posez donc vos fesses par là. *(Il désigne une chaise et va vers le buffet pour sortir de la gnôle. Pendant ce temps, avant de s'asseoir, le patron sort un mouchoir et essuie la chaise et la table.)* Allez gouttez-moi cette gnôle, c'est de la vraie de vraie. *(Il sert le patron, se sert et reste debout à l'autre bout de la table.)*

LE PATRON *(boit et s'étrangle)* - C'est fort.

FERNAND - C'est du costaud, croyez-moi. C'est bon pour les hommes.

LE PATRON *(intéressé)* - Ah oui, alors expliquez-moi vite.

FERNAND - Je veux faire comme l'Gaston.

LE PATRON - Pardon ?

FERNAND - Ben ouais, vous êtes bien celui de l'urgence ? *(Puis, prenant le public à témoin.)* Il comprend rien.

LE PATRON - Ah oui. Donc vous voulez vous marier…

FERNAND - C'est ça que je veux, mais je sais pas ben par ousque je dois commencer.

LE PATRON - Si vous veniez près de moi, ce serait plus pratique pour parler.

FERNAND - Peut-être ben.

LE PATRON *(s'adressant au public)* - Ouah ! quelle odeur ! J'aurais mieux fait de le laisser à l'autre bout de la pièce ! *(Puis s'adressant à Fernand.)* Comment peut-on avoir une odeur pareille ?

FERNAND *(qui croit à un compliment)* - Ah, vous aimez ? C'est l'odeur des cochons. C'est ben agréable, pas vrai ? *(Il lui tape sur l'épaule.)* J'suis ben content que ça vous plaise.

LE PATRON *(complètement effaré)* - Bien sûr, bien sûr. *(S'adressant au public.)* C'est absolument épouvantable, croyez-moi. *(A Fernand.)* Donc, vous cherchez à vous marier ?

FERNAND - C'est ça que je veux, comme l'Gaston.

LE PATRON - Pardon ? Vous disiez ?

FERNAND *(s'adressant au public)* - Y comprend rien. *(Au patron.)* Ben oui, quoi, je veux faire comme l'Gaston, celui de la ferme du haut.

LE PATRON *(agacé)* - Bien sûr, bien sûr. Voyons un peu ce que j'ai à vous proposer. Vous allez déjà remplir ce questionnaire.

FERNAND *(prend la feuille, un crayon et lit à haute voix)* - Nom… Boisansoif. Prénom… Fernand, pardi ! Age… quarante ans. Sexe… grand ! *(Il fait le geste.)*

LE PATRON *(intéressé)* - Oh ! là ! là ! *(Puis il voit Fernand qui se gratte la tête.)* Quelque chose ne va pas ?

FERNAND - Ben c'est « signe particulier », j'sais pas ben quoi qu'il faut mettre.

LE PATRON - Laissez, je remplirai. *(Il voit que Fernand se gratte encore la tête.)* Qu'y a-t-il cette fois ?

FERNAND - Situation de famille… Ousque je la mets la vieille ?

LE PATRON - Pardon ?

FERNAND - Ben oui, quoi. Y a pas assez de place sur votre foutue feuille pour que je mette que la mère est à la maison.

LE PATRON *(énervé)* - Mais mon brave, on vous demande seulement d'écrire veuf, divorcé ou célibataire.

FERNAND - Et la vieille, j'en fais quoi ?

LE PATRON *(très énervé)* - Quelle vieille ?

FERNAND - La mère, pardi !

LE PATRON *(s'adressant au public et tapant des pieds)* - Il m'énerve, il m'énerve ! *(Puis à Fernand.)* Laissez donc votre mère où elle est.

FERNAND - Oui mais sur votre foutue feuille, je la mets où la mère ?

LE PATRON *(excédé)* - Mais on s'en fout complètement !

FERNAND *(se fâche)* - Non mais soyez poli avec la mère, elle vous a rien fait ! Et elle, au moins, elle me rend service.

LE PATRON - Excusez-moi, je ne voulais pas être désagréable.

FERNAND - Tant mieux, parce que la mère…

LE PATRON - Je sais, elle vous rend service. *(Il souffle.)* Zen, zen, zen.

FERNAND *(s'adressant au public)* - Il est bizarre, je sais pas bien si j'ai eu raison d'écouter l'Gaston.

LE PATRON - Bon, je vais chercher la femme idéale pour vous. *(Au public.)* Mission impossible. Il a beau être bien bâti, même un homme n'en voudrait pas. *(A Fernand.)* Bon, cherchons.

FERNAND - C'est ça, cherchez. Mais attention, j'veux pas n'importe quoi.

LE PATRON *(au public)* - Et difficile avec ça ?

FERNAND - Je suis jeune… et beau gars.

LE PATRON - Hum, hum…

FERNAND - Quoi, j'suis pas beau gars ? Même que la mère elle dit toujours : « Mon Fernand l'est beau comme un tracteur. »

LE PATRON - C'est cela, elle a raison votre mère.

FERNAND - Pour la fille, j'suis pas ben difficile. *(Voyant le patron lever les yeux au ciel, il s'adresse au public.)* Il est vraiment bizarre, il comprend rien. *(Puis, se tournant vers le patron.)* Vous avez entendu ce que j'ai dit ?

LE PATRON - Oui, je vous écoute. Vous venez de dire que vous n'étiez pas bien difficile.

FERNAND - C'est ça. Du moment qu'elle fait ben la cuisine, qu'elle aide dans les champs, s'occupe ben des poules, des canards et des vaches… Ah, pas des cochons ! Les cochons c'est moi.

LE PATRON *(narquois)* - Et c'est tout ?

FERNAND - Non. Et surtout qu'elle s'occupe ben de la vieille. Ah, j'oubliais : et puis pas moche. C'est pas pour moi, mais à cause du Gaston.

LE PATRON *(au public)* - En voilà un qui ne doute de rien.

FERNAND - On se fait une autre rincette ?

LE PATRON - Comment ?

FERNAND - Ben oui… est-ce que vous voulez un autre coup de gnôle ?

LE PATRON - Non merci.

FERNAND *(lui tape sur l'épaule)* - Allez, pas de chichi, y a pas de honte à se faire du bien !

LE PATRON - Non, je vous assure, ça va comme ça.

FERNAND - Moi je m'en jette un petit dernier. *(Il s'éloigne, se sert un autre verre et va ranger la bouteille dans le buffet.)*

LE PATRON *(s'adresse au public)* - Qu'est-ce qu'il me raconte ? Le Gaston par-ci, le Gaston par-là… C'est qui ce Gaston qui serait passé par notre agence ? Je ne vois pas… Ah, mon Dieu, j'y suis ! Un bouseux, mais quel beau gars… Dommage ! C'est vrai que la seule qui en a voulu était très vilaine, vilaine. Mon Dieu ! Comment peut-on être aussi moche ? Enfin, il n'a pas eu le choix. Pauvre garçon ! Aussi, pourquoi s'entêter à vouloir à tout prix une femme ? Je ne comprends pas. *(Puis s'adressant à Fernand.)* Donc vous ne la voulez pas moche.

FERNAND - C'est ça que je veux. L'Gaston l'est passé par votre urgence matriale, et ce qu'on lui a refilé, c'est pas jojo, jojo, c'est moi qui vous le dis. Même si lui l'en est content, moi j'la veux moins moche.

LE PATRON - Très bien. Je vais regarder mes fiches. Je vois très bien ce qu'il vous faut. *(Il consulte ses fiches.)* Grande, intelligente, jolie… non, pas ça.

FERNAND - Ben pourquoi ? Ça me plaît bien une jolie.

LE PATRON - Taisez-vous et laissez-moi faire. Je connais mon métier.

FERNAND - J'espère, ça coûte assez cher.

LE PATRON - Alors, voyons celle-là : jolie, gentille, pays de l'Est, travailleuse… non, pas ça.

FERNAND - Pourquoi ? C'est bien, une travailleuse.

Le patron - Mais non ça ne va pas, elle vient des pays de l'Est, et parle très peu le français.

Fernand - C'est pas ben grave, pour ce que je veux en faire.

Le patron - Tout de même, mon brave, il y a un minimum. Je suis Français et, franchement, par moment j'ai du mal à saisir tout ce que vous dites.

Fernand - Vous peut-être, mais les bestiaux ils s'en fichent du parler.

Le patron - Mon Dieu, mon Dieu ! Ecoutez-moi monsieur : les bestiaux, comme vous dites, je comprends qu'ils s'en fichent, mais si elle comprend pas ce que vous dites, comment ferez-vous ?

Fernand *(très fier)* - Pourtant, au village, tout le monde dit : « L'Fernand… », c'est moi, « Ah, ce qu'il cause ben quand même ! »

Le patron - Mais certainement. Continuons. On ne va pas y arriver. Voyons, ce serait bien celle-là. Excellente cuisinière. Ah non.

Fernand - Pourquoi, non ? Si elle fait bien la cuisine, c'est la mère qui sera contente.

Le patron - Non, elle est maniaque, elle aime la propreté, et a peur d'attraper des microbes.

Fernand - Elle craint rien, les cochons y z'ont jamais attrapé de microbes.

Le patron - Vos cochons peut-être, mais c'est pour elle qu'elle a peur.

FERNAND - Faut pas qu'elle ait peur, la mère elle nettoie toute la maison à la sainte Catherine.

Le patron, horrifié, se lève et essuie la chaise et la table.

LE PATRON - Mais la sainte Catherine, c'est le 25 novembre !

FERNAND - Ben oui qu'c'est le 25 novembre, tout le monde sait ça.

LE PATRON - Mais on est fin octobre !

FERNAND *(s'adressant au public)* - Je sais pas s'il est ben normal. Il sait même pas quel mois on est. *(Puis s'adressant au patron.)* Pour sûr qu'on est en octobre, et alors ?

LE PATRON - Mais cela fait donc onze mois que votre mère n'a pas nettoyé ?

FERNAND - Ça, c'est rien. Vous pouvez me croire, mes bestiaux sont les plus solides du village.

LE PATRON - Je n'en doute pas, mais je vous assure, il vaut mieux que je cherche une autre personne. C'est plus sûr. Ne vous inquiétez pas, je vais trouver la personne idéale pour vous.

FERNAND *(s'adressant au public)* - Y m'dit de pas m'inquiéter, mais au prix qu'ça coûte… Il en a de bonnes lui, on voit bien qu'il connaît pas la mère.

Le portable du patron sonne, il décroche.

LE PATRON *(au téléphone)* - Allô ! *(A Fernand.)* Excusez-moi un instant.

FERNAND *(au public)* - Bon, un petit dernier derrière la cravate pour pas m'inquiéter.

LE PATRON *(qui s'est éloigné pour téléphoner)* - Etienne, mon lapinou, bonjour ! (…) Une Canadienne à placer en urgence ? (…) Mais comment se fait-il ? (…) Mon Dieu, mon Dieu… Et c'est urgent ? (…) Je comprends. *(A ce moment-là, il voit Fernand.)* Dis, ma Lolotte, est-ce qu'elle aime la campagne, ta Canadienne ? (…) Alors j'ai peut-être quelqu'un pour elle. Ne quitte pas, mon Lapin. *(S'adressant à Fernand.)* Vous avez beaucoup de chance. J'ai quelqu'un à vous proposer.

FERNAND - Voyons sa tronche. Elle est sur quelle fiche ?

LE PATRON - Non, il n'y a pas de fiche, c'est mon ami au téléphone, il connaît quelqu'un de bien qui aime la campagne. Je vous assure qu'il faut sauter sur l'occasion.

FERNAND - Mais j'veux pas d'une occasion. Au prix qu'ça coûte…

LE PATRON - Je veux dire que c'est une chance pour vous que mon ami ait quelqu'un à vous proposer.

FERNAND - Et comment qu'vous pouvez être sûr qu'elle est bien si vous l'avez jamais vue ?

LE PATRON - J'ai confiance en mon ami. Il est du métier, vous savez.

FERNAND - Si vous êtes sûr, alors ça va.

LE PATRON *(reprend son portable)* - Mon lapin, tu es toujours là ? (…) Voilà, je pense que tu vas être content, ta fille est pratiquement casée. *(Pendant ce temps, Fernand est complètement abasourdi par la conversation.)* Tu veux qu'elle se présente aujourd'hui ? (…) C'est si urgent que ça ? (…) Attends un peu mon canard, je demande si c'est possible. *(S'adressant à Fernand.)* Est-ce qu'elle peut se présenter aujourd'hui ?

FERNAND - Déjà ?

LE PATRON - Oui, dans quatre ou cinq heures.

FERNAND *(regarde la pendule)* - Quoi ? Dans quatre ou cinq heures ? Ah non, c'est l'heure du dîner.

LE PATRON - Mais c'est très bien, comme ça elle sera tout de suite au parfum. *(Tourné vers le public, il se pince le nez.)* Et si ça va bien, elle pourra s'installer immédiatement.

FERNAND - Peut-être ben. Y faut quand même que j'en cause à la mère.

LE PATRON - Vous m'avez bien dit que c'est votre mère qui est pressée de vous voir marier ? Alors rendez-vous compte, si une jeune femme se présente dès ce soir !

FERNAND - Ah, c'est ben vrai ça, la vieille sera ben contente. C'est d'accord. *(Il retourne vers le buffet.)* Allez, ça se fête. Un petit coup de gnôle.

LE PATRON *(reprend son portable)* - Etienne, mon lapin, c'est affligeant, mais ta fille est casée pour ce soir, après. (…) Tu écoutes ma poule ? Voilà l'adresse : c'est à Cucuron, elle peut pas se tromper, elle demande la ferme de M. Fernand, tout le monde connaît. (…) Alors, qu'est-ce qu'on dit à son roudoudou ? (…) A ce soir mon canard. *(Il revient vers Fernand.)* Elle vient du Canada. Le climat y est rude, elle ne sera pas dépaysée.

FERNAND - Et c'est quoi celle-là ?

LE PATRON - C'est une jeune femme jolie, travailleuse, aimant la campagne.

FERNAND - C'est bien, ça, jolie, travailleuse et tout et tout.

LE PATRON - Elle est Canadienne.

FERNAND *(se tapant sur les cuisses et riant très fort)* - C'est bien, ça, elle me tiendra chaud l'hiver !

LE PATRON - Mon Dieu, mon Dieu ! *(Il cherche dans sa sacoche.)* Voici la note.

FERNAND - Quoi ?

LE PATRON - La facture.

FERNAND - Je dois payer tout de suite ?

LE PATRON - Bien entendu.

FERNAND - Sans l'essayer ?

LE PATRON - Mais ce n'est pas une voiture, monsieur !

FERNAND - Je sais bien, mais si j'en suis pas content ?

LE PATRON - Je vous en chercherai une autre.

FERNAND - Et il faudra payer à chaque fois ?

LE PATRON - Bien entendu.

FERNAND - La mère sera pas d'accord.

LE PATRON - Faudrait savoir ce qu'elle veut, votre mère.

FERNAND - Chez nous, les bestiaux on les achète pas comme ça, on voit d'abord s'ils font du bon travail.

LE PATRON - Mais c'est une femme qui va arriver !

FERNAND - Et alors ? Si elle est pas capable, qu'est-ce que j'en fais après ?

LE PATRON *(lève les yeux au ciel)* - Elle partira bien toute seule, croyez-moi. *(Puis s'adressant au public.)* Heureusement que ma journée est finie, il m'a achevé. *(Fernand, en se cachant, va chercher son magot, mais rechigne à payer.)* Voilà donc une affaire réglée. Je vous laisse. Au revoir.

FERNAND - Au revoir, monsieur.

ACTE 3

Dans la cuisine, Fernand range les verres de gnôle. La mère arrive.

LA MÈRE - Ben, mon Fernand, où donc qu'il est passé le gars de l'urgence ? Je voulais le voir, moi. Allez, raconte.

FERNAND - Il est parti. Il avait froid le pauvre gars, alors je lui ai donné un petit coup de gnôle.

LA MÈRE - Pas trop quand même, faut pas gaspiller.

FERNAND - Non, il en a pris qu'une fois. Après il a montré des fiches avec la photo. C'était presque comme l'Gaston a dit. Parce que celle qui va venir était pas sur les fiches.

LA MÈRE - Ben où donc qu'elle était ?

FERNAND - Chez un gars, un ami du monsieur de l'urgence.

LA MÈRE - La prends pas, c'est pas une fille sérieuse déjà à courir chez les gars…

FERNAND - Mais non, elle était sur la fiche du gars.

LA MÈRE - Ah, j'aime mieux ça ! Et qu'est-ce qu'elle disait cette fiche ?

FERNAND - Jeune et jolie.

LA MÈRE - Jeune c'est bien, jolie c'est pas important.

FERNAND - C'est mieux quand même, à cause du Gaston.

LA MÈRE - Et c'est tout ?

FERNAND - Non. Il y avait aussi travailleuse, et aussi qu'elle aime la campagne.

LA MÈRE *(contente)* - Enfin ! J'vas pouvoir me reposer. Et quand est-ce qu'elle arrive ?

FERNAND - Ce soir pour dîner.

LA MÈRE *(en colère)* - Quoi ? Elle perd pas de temps celle-là pour mettre les pieds sous la table et casser la croûte à l'œil ! Tu pouvais pas lui dire de venir après dîner ?

FERNAND - Le gars de l'urgence m'a dit que ce serait mieux pour faire connaissance. Tu sais, le gars de l'urgence il était bizarre, des fois il comprenait rien. Rends-toi compte : il savait même pas qu'on était en octobre, ni que la sainte Catherine c'est en novembre !

LA MÈRE - T'es sûr que tu lui avais pas donné trop de gnôle ?

FERNAND - Non, juste un verre. En plus, il frottait la table et la chaise avec son mouchoir.

LA MÈRE - Mais c'est dégueulasse ! Il va nous donner des microbes, ce jean-foutre !

FERNAND - Et quand son gars lui a téléphoné, il parlait de poules, de canards, et de lapins.

LA MÈRE - Il fait peut-être ben de l'élevage de poulaille. C'est un gars bien.

FERNAND - T'as raison. Bon, j'vas aller me laver pour la future.

LA MÈRE - Ouais, tu vas t'laver pour une fois et t'faire ben propre comme un sou neuf, c'est qu'il faut faire bonne figure. Allez, presse-toi. Et oublie pas de mettre du « sent bon ». Lésine pas, tout l'monde aime pas l'odeur des cochons. *(Fernand quitte la pièce en traînant les pieds. La mère reste et parle seule.)* L'était temps de l'marier, l'Fernand, bentôt y sera plus bon à rien. L'a pas bonne mine mon Fernand, et moi je peux pas l'aider à grand-chose. Tiens, faut que j'remue ma soupe. *(Cri de douleur).* Ah, voilà mes vieilles douleurs qui reviennent ! C'est pas du beau temps qui arrive, croyez-moi, heureusement qu'la drôlesse va arriver, j'vas pouvoir reposer ma vieille carcasse. *(Fernand arrive, elle le voit.)* Oh ! t'es ben propre, et t'es ben beau mon gars.

FERNAND - Faut c'qui faut. J'ai mis mon habit du dimanche et aussi du patchouli.

LA MÈRE - Pour sûr que t'en a mis, ça sent assez. T'es tombé dedans ou quoi ? Va pas t'approcher des vaches avec ça, tu leur ferais tourner le lait.

FERNAND - T'as dit d'pas lésiner !

LA MÈRE - Mais c'est que ça coûte cher cette saloperie. C'est ben quand même. Faut impressionner la mignonne, elle aime peut-être le patchouli.

FERNAND - Moi j'préfère l'odeur des cochons. Tu sais, le gars l'urgence il a bien aimé l'odeur des cochons.

LA MÈRE - Ah !

FERNAND - Ben oui, même qu'il a dit : « Oh, c'est quoi cette odeur ? » Il en revenait pas !

LA MÈRE - Voilà un gars bien. Les autres y savent pas ce qui est bon. Et fais ben attention cette fois, sois ben correct, pas comme la dernière fois quand la Simone est venue avec sa copine pour la caser.

FERNAND - Mais c'est-y ma faute si elle est tombée dans la fosse à purin ?

LA MÈRE *(rigolarde et moqueuse)* - Remarque, c'était une vraie pétasse qui se prenait pas pour rien, ça lui a fait les pieds.

FERNAND *(rigolard et moqueur)* - Et la tête aussi. Alouette, alouette.

LA MÈRE - Ah oui, on a bien rigolé ce jour-là, même que l'Gaston s'en est étouffé. C'est la Simone qui était pas contente qu'on se foute de sa copine.

FERNAND - Et l'Gaston a dû manger de la soupe à la grimace, en rentrant. C'est sûr.

LA MÈRE - Ah, c'est ben vrai qu'elle a un foutu caractère la Simone. Même quand j'ai dit à sa copine que l'purin c'était bon pour la peau et qu'ça donnait joli teint, elle était pas encore contente.

FERNAND - Ah oui. Elle était bien fâchée.

LA MÈRE *(sérieuse)* - Cette fois fais ben attention, parce que celle-là, il va falloir payer.

FERNAND *(son rire est coupé net)* - C'est fait. *(Il lui dit le prix à l'oreille.)* J'ai payé…

LA MÈRE - Quoi ? T'as payé ça, et sans l'essayer ? C'est-y pas honteux de payer pour quelque chose qu'on sait même pas si ça marche bien ? Tu aurais dû insister !

FERNAND - Je l'ai fait, mais il a dit : « C'est toujours comme ça. »

LA MÈRE - Alors fais ben attention avec la future.

FERNAND - T'inquiète pas, la mère.

LA MÈRE - Facile à dire, au prix que ça coûte. Quand je pense à ce que j'ai payé pour les trois vaches… et elles, je suis sûre qu'elles me feront de l'usage ! Mais j'ai plus la force de m'traîner et c'est pas toi qui vas t'occuper de moi.

FERNAND - Mais c'est pas sûr que la future s'occupe de toi.

LA MÈRE - Crénom de non, faudrait voir ça ! J'ai pas payé le prix de trois vaches pour avoir une feignasse ! Elle va s'y mettre au boulot, c'est moi qui te le dis.

FERNAND - Faudrait que tu sois gentille avec elle, pour qu'elle reste.

LA MÈRE - Et lui laver son linge ? Tu débloques mon pauvre Fernand. J'en ai maté plus d'une, crois-moi.

FERNAND - De quoi tu parles ? A part la mémé et toi, y a jamais eu de femmes, ici.

LA MÈRE - Je parle des vaches et des chevaux.

FERNAND - Mais là c'est une femme, et de la ville en plus.

La mère - De la ville ou pas, si on les visse pas tout de suite, c'est comme les chevaux : ils vous prennent la main et c'est terminé. J'vas te la dresser tout de suite, et dans une semaine elle prendra la relève ici et dans les champs.

Fernand - C'est peut-être trop d'un coup.

La mère *(se lève et s'installe dans un coin pour tricoter)* - Tu m'as ben dit qu'elle était costaude ? Alors ça ira, et puis je suis trop fatiguée pour en dresser plusieurs.

On frappe à la porte. Fernand va ouvrir. Une femme entre, une valise à la main.

Fernand - B'jour m'dame. *(Puis ravi.)* Ah, vous êtes celle de l'urgence !

La fille - De l'urgence ? Non, je cherche la ferme de M. Fernand.

Fernand - Si, si, vous êtes celle de l'urgence matriale. Entrez.

La fille *(réalise)* - Ah, vous voulez dire de l'agence matrimoniale ? *(Puis déçue.)* Alors vous êtes monsieur Fernand ? *(Elle regarde autour d'elle.)* Qu'est-ce que c'est que ça ? Et cette odeur épouvantable…

Fernand *(s'adresse au public)* - Celle-là, au moins, elle est pas moche. C'est l'Gaston qui va rager. Entrez. *(Puis lui montrant la mère.)* Voilà la mère. Parlez fort, elle est sourde comme un pot.

La fille *(fort)* - Bonsoir madame, je…

La mère - Qu'est-ce qui lui prend ? J'suis pas sourde !

LA FILLE - C'est votre fils qui m'a…

LA MÈRE - Qu'est-ce qu'il a encore fait l'Fernand ?

FERNAND - Vous avez froid, on dirait.

LA FILLE - Un petit peu, et le temps est à l'orage.

FERNAND - Pas sûr. Quand l'orage se prépare, les cochons font du bruit… et là, rien. *(Il va vers le buffet chercher la gnôle et trois verres.)* Tenez, un petit remontant ça vous réchauffera.

La mère boit cul sec sans broncher. La fille, elle, boit et s'étrangle.

LA FILLE - C'est quoi ce truc ? Du vitriol ?

FERNAND - De la gnôle, de la vraie de vraie ma petite dame ! C'est un peu fort, mais ça réchauffe quand il fait froid comme aujourd'hui.

LA FILLE - C'est imbuvable ! Et votre mère a bu ça d'un coup… Elle a l'estomac blindé.

FERNAND - C'est l'habitude. Ici l'hiver est rude, alors la gnôle ça aide.

LA MÈRE - C'est l'heure de manger, la soupe est chaude. Mettez la table.

LA FILLE - Comment ?

La mère et Fernand sont déjà assis.

LA MÈRE - Ben oui, elle va pas se mettre toute seule ! *(Puis s'adressant à Fernand.)* Je crois pas qu'elle soit ben dégourdie. *(Puis à la fille qui n'a pas encore bougé.)* Qu'est-ce que vous attendez ? Les assiettes sont là-bas.

(La fille va vers la bassine, sort un mouchoir de sa poche et commence à essuyer les assiettes.) Dis donc Fernand, regarde-moi ça cette maniérée !

FERNAND - Elle fait comme le gars de l'urgence. Ils font peut-être tous ça à la ville.

LA MÈRE - Dites donc vous, arrêtez de mettre des microbes partout avec votre mouchoir.

LA FILLE - Mais il est propre…

LA MÈRE - Encore heureux, manquerait plus que vous nous portiez des saloperies. Et puis mes assiettes sont ben propres, on s'en est servi qu'à midi.

LA FILLE *(horrifiée)* - Quoi ? Vous avez mangé dedans et vous ne les avez pas lavées ? Mais c'est dégoûtant !

LA MÈRE - Comment ça ? Dis, Fernand, t'as pas bien passé ton pain dans l'assiette, ce midi ?

FERNAND - Si. Même que j'ai passé un coup de langue tellement qu'c'était bon.

LA MÈRE - Ah, vous voyez qu'elles sont ben propres ! Pour vous, y en a une dans l'placard, et les couverts sont dans la bassine. Vous en laverez deux pour vous.

LA FILLE - Où est le robinet ?

FERNAND - Quel robinet ?

LA FILLE - Celui de l'évier, pour laver les couverts.

FERNAND - Y en a pas.

LA FILLE - Comment ça ? Où est l'eau ?

FERNAND - Dans le broc à côté de la bassine.

LA FILLE *(va voir et prend un air dégoûté)* - Mais elle sort d'où cette eau ?

FERNAND - Ben du puits, pardi ! Elle est ben bonne celle-là ! T'entends, la mère ?

LA MÈRE - Vous n'avez pas l'air ben dégourdie.

LA FILLE - Je ne vous permets pas. Et puis chez moi il y a l'eau courante.

FERNAND - Ici aussi.

LA FILLE - C'est ce que je vous demande depuis cinq minutes. Où est le robinet ?

FERNAND - Dehors.

LA FILLE - Dehors je m'en fiche. Je veux de l'eau ici.

FERNAND - Alors elle est dans le broc.

LA MÈRE - Vous êtes ben difficile et maniérée.

LA FILLE *(énervée)* - Oh, ça va, ça va ! *(Elle prend les couverts et les lave.)*

Pendant ce temps, Fernand parle à sa mère.

FERNAND - T'as raison, elle est pas très dégourdie. Mais elle est jolie, c'est pas comme la Simone.

LA MÈRE - Oui, mais la Simone elle est vaillante et ça, tu peux me croire, ça compte plus. Mais t'inquiète pas, j'vas la dresser. *(Puis s'adressant à la fille.)* Gaspillez pas l'eau et perdez pas de temps, la soupe va refroidir.

La fille s'installe à table, Fernand et sa mère mangent très salement et à grands bruits.

FERNAND - Un petit coup de pinard dans la soupe ? Ici ça s'appelle « le coup du docteur ».

LA FILLE - Non merci.

FERNAND - C'est du bon vous savez, c'est moi qui le fais.

LA FILLE - A plus forte raison.

LA MÈRE - Vous avez tort, vous êtes toute pâlotte. *(Puis d'un ton autoritaire.)* Sers-la, Fernand.

LA FILLE *(en colère)* - Non et non !

LA MÈRE - Délicate et capricieuse, j'sais pas ben si c'est une affaire !

FERNAND - Mangez donc vot' soupe, c'est meilleur quand c'est chaud.

LA FILLE *(renifle discrètement)* - Elle a une drôle d'odeur, votre soupe !

FERNAND *(porte son assiette sous son nez et renifle)* - Non, elle est comme d'habitude.

LA FILLE - C'est quoi ce qui flotte au-dessus ?

FERNAND - Oh, ça ! C'est l'meilleur, ma petite dame, c'est le gras de la couenne.

> *Fernand et sa mère finissent de manger et rotent très fort. La fille est dégoûtée.*

LA FILLE - Je peux téléphoner ?

FERNAND - Oui, le téléphone est là-bas. *(Elle y va.)*

LA MÈRE - Vous téléphonez loin ?

L**A**** FILLE** - Non, à l'agence.

L**A**** MÈRE** - Et voilà ! Une dépensière, en plus ! *(Et elle se met à fixer la pendule.)*

L**A**** FILLE** *(au téléphone)* - Allô ! Allô ! Bonjour, c'est Mathilde. Vous savez, du Canada… (…) Oui. (…) C'est sale et l'odeur est atroce. En plus la mère donne des ordres sans arrêt. Je ne veux pas rester. Il faut que vous veniez me chercher. (…) Quoi ? Mais je ne pourrai jamais attendre jusque-là ! (…) Vous êtes sûr ? (…) Bon, je vais essayer de tenir jusqu'à demain. Au revoir.

F**ERNAND** - Alors, vous avez fini de téléphoner ?

L**A**** MÈRE** - Serait ben temps, ça fait cinq minutes. Et pour raconter quoi, j'te l'demande !

F**ERNAND** - Avant de faire la vaisselle, j'vas vous faire voir votre chambre.

L**A**** FILLE** - Avec plaisir, je suis très fatiguée.

L**A**** MÈRE** - Déjà ! Elle a encore rien fait qu'elle se plaint. Je crois ben qu'on s'est fait avoir.

F**ERNAND** - Vous allez voir, vous serez bien, votre chambre est au-dessus du poulailler. *(La fille ne bouge pas, lui est déjà près de la porte.)* Ben qu'est-ce que vous attendez ? Prenez votre valise !

L**A**** FILLE** - Pour quoi faire ?

F**ERNAND** - Pour que je vous montre votre chambre.

L**A**** FILLE** - Il faut que je sorte pour aller dormir ?

F**ERNAND** - Elle est ben bonne celle-là ! Ben sûr, ma petite dame. Les poules sont dehors.

LA FILLE - Vous voulez dire que je vais dormir dans le poulailler ?

FERNAND - Pas complètement… juste au-dessus, pour avoir ben chaud.

LA FILLE - Je dois dormir dehors ?

FERNAND - Pour sûr que les poules sont dehors. C'est pas comme les cochons.

LA FILLE - Quoi, les cochons ?

FERNAND *(lui montre la porte d'une pièce à l'intérieur)* - Ben oui, les cochons.

LA FILLE - Vos cochons sont là, dans la maison ?

FERNAND - Pour sûr qu'ils sont là. Les plus jeunes seulement, y sont fragiles. Alors on leur a donné la chambre du pépé, comme ça y z'ont ben chaud.

LA FILLE *(effarée)* - Les cochons sont là, dans la maison, et moi je dois dormir dehors ?

FERNAND - Ben oui. C'est le meilleur endroit, vous savez. C'est mieux qu'à l'étable, parce que les vaches ça tient chaud peut-être, mais la nuit ça ronfle et ça pète.

LA MÈRE - Y a pas qu'elles : mon pauvre Gustave, et même mon Fernand.

LA FILLE - Je ne vais pas vous déranger plus longtemps, je vais partir.

LA MÈRE - Partir ? Faudrait voir à pas oublier la vaisselle.

FERNAND - C'est bon la mère, y a rien qui presse, j'ai pas encore tiré l'eau.

LA MÈRE - Et alors qu'est-ce que tu attends ? Qu'elle gèle ou qu'elle vienne toute seule ?

FERNAND - J'irai après, j'vas d'abord accompagner la petite dame au poulailler.

LA MÈRE - Va chercher l'eau avant. La petite peut attendre, les poules vont pas partir. *(Fernand sort chercher l'eau, la fille ne bouge pas.)* Restez pas plantée là comme un pot de chambre. Y a la table à débarrasser.

LA FILLE - Mon Dieu, où suis je tombée !

FERNAND *(revient avec l'eau)* - Voilà l'eau.

LA MÈRE - C'est bien. *(Personne ne bouge)* Et alors ? Et la vaisselle ?

FERNAND - Elle la fera après. J'vas d'abord lui montrer le poulailler. *(A la fille.)* Allez, on y va ?

LA MÈRE - Et va pas lui conter fleurette.

FERNAND - Mais non, la mère.

LA MÈRE - Je sais ben ce que je dis, j'suis née avant toi… et cette greluche elle joue les délicates, mais elle est ben comme les autres. *(A la fille.)* Et vous, n'allez pas faire n'importe quoi avec mon Fernand.

LA FILLE *(au public)* - Non mais elle l'a regardé son Fernand ? Non mais je rêve ! Je veux me marier c'est vrai, mais il y a des limites. Ce serait pas humain de m'imposer ça. *(Puis s'adressant à la mère.)* Ne craignez rien, je peux rester vieille fille vous savez, quelquefois c'est mieux.

LA MÈRE - Que vous croyez ! Demandez donc à la Justine, la pauvre fille. Elle a fait la difficile et maintenant y a plus personne qui en veut.

FERNAND - Alors, on y va ou on y va pas ?

LA MÈRE - T'es ben pressé toi, c'est louche ça. *(Sans transition, à la fille.)* C'est que ça le travaille peut-être.

LA FILLE - Il ne risque rien, ce n'est pas moi qui lui ferai des avances, vous pouvez me croire.

LA MÈRE - On dit ça, mais c'est qu'il est beau gars et bien bâti mon Fernand.

LA FILLE - Le tout c'est d'y croire.

LA MÈRE *(en colère)* - Quoi, il est pas beau mon Fernand ?

LA FILLE - Mais oui, il est superbe.

LA MÈRE - Alors traînez pas trop longtemps dans le poulailler, il y a la vaisselle à faire et faut vous coucher d'bonne heure, réveil cinq heures pour s'occuper des bestiaux.

LA FILLE - Comment ?

FERNAND - Ben oui ! A cinq heures il faut s'occuper des bestiaux, et après de la mère.

LA MÈRE - Ouais. Je veux mon café à six heures et faudra ramener de l'eau, moi j'suis trop fatiguée. A sept heures il faut sortir les vaches, à huit heures c'est les cochons, après faut rentrer le bois…

LA FILLE *(en colère)* - Oh, vous la vieille, fermez votre clapet cinq minutes, ça me reposera !

L𝖺 𝖬ère - Fernand, t'as vu comment qu'elle m'cause ?

Fernand - C'est vrai ça. Faut pas lui parler comme ça, à la mère.

La fille *(de plus en plus en colère, et ce jusqu'à la fin)* - Je vais me gêner ! Et vous, bouclez-la aussi. Maintenant, il va falloir mettre les choses au point. Un : je ne suis pas la bonne de la vieille toquée ni de son affreux rejeton. Deux : je partirai demain. En attendant, je veux un lit correct, dans la maison, dans un endroit propre si ça existe ici, et surtout ne plus vous entendre. J'en ai marre, à la fin.

La mère - Quoi ? Elle a encore faim ?

La fille - Elle va me rendre folle, cette bonne femme de malheur !

La mère - A qui il est arrivé malheur ?

La fille - A vous si vous continuez !

La mère - Dis, mon Fernand, t'es sûr qu'elle est ben normale ? Quand je pense que cette greluche m'a coûté trois vaches…

La fille - Quoi ? Vous me comparez à une vache ?

Fernand - Pas une, trois.

La mère - Oui, trois vaches et je peux vous dire qu'avec trois vaches on en fait du bon boulot. Alors que vous, je sais même pas si vous valez le prix d'une. Hein, mon Fernand ?

La fille - Mais je vais la tuer !

Fernand - Et vous, touchez pas à la vieille, au moins elle me rend service et elle coûte pas cher.

La fille - Oh, et puis zut ! Ce n'est pas possible, je pars.

Fernand *(qui n'a pas envie qu'elle parte)* - Mais vous savez bien qu'à cette heure qu'il n'y a plus d'autocar ! Vous serez bien au-dessus des poules, et j'ai pas d'autre endroit sauf… *(Après réflexion.)*… mon lit.

La fille - Plutôt mourir.

Fernand - Je cherche, mais je trouve pas d'autre endroit pour vous.

La fille - Je m'en fous, débrouillez-vous sinon je téléphone.

La mère - Quoi ! Encore ?

La fille *(s'adresse à Fernand)* - Oui, je téléphone à la police. Je porte plainte pour abus de confiance. C'est clair, vous abusez.

La mère - Qu'est-ce que j'entends l'Fernand ? Tu veux abuser d'elle ?

Fernand - Mais non la mère, elle dit qu'elle va partir demain.

La mère - Tant mieux. De tout' façon t'en trouveras ben une autre, ça peut pas être pire. Une vraie feignasse, et une bonne à rien. J'vas demander qu'on me rembourse. Et avec l'argent, j't'achèterai une grosse vache.

La fille *(attrape sa veste et sa valise)* - Cette fois c'en est trop. Je pars tout de suite, je serai mieux à marcher dehors plutôt que de rester dans cet asile de vieux débris.

Elle part en claquant la porte.

LA MÈRE - Et mal polie avec ça ! Elle a pas dit bonsoir, alors qu'elle a mangé à l'œil !

FERNAND - Elle était très en colère. C'est bête, elle me plaisait bien à moi.

LA MÈRE - Oui, c'est ça les hommes ! Il suffit de tortiller du croupion pour les retourner. T'as pensé si elle me plaisait, à moi ?

FERNAND - C'est que… c'est quand même à moi qu'elle doit plaire.

LA MÈRE - Mais ça compte pas, ça, crois-moi, mon Fernand. En plus je t'le dis mon petit gars : une feignasse, elle traînait exprès pour pas faire la vaisselle, une dépensière, elle téléphone tout le temps, et une maniérée. Avec ses airs de princesse elle a déjà demandé un bon lit et une chambre propre, et dans la maison en plus.

FERNAND *(désolé et vexé)* - En plus elle a pas voulu de mon lit !

LA MÈRE - Aurait plus manqué que ça, qu'après avoir mangé à l'œil, elle te dévergonde.

FERNAND - C'est que ça m'aurait pas déplu.

LA MÈRE - Raconte donc pas d'âneries, va. En plus, elle aurait aussi demandé une douche, une maniérée pareille, comme si l'lavoir c'était pas assez ben pour la toilette.

FERNAND - Pour sûr, et pour le peu qu'on s'lave, c'est ben assez.

LA MÈRE - Et puis quelle idée d'aller en chercher une du Canada ! T'inquiète pas mon Fernand, j'vas t'en trouver une. *(Elle marque un temps de réflexion.)* Et pourquoi pas une charentaise*... *(Elle s'approche du bord de scène, regarde vers le public, et désigne une femme, ou une comédienne complice.)* Tiens regarde donc celle-là, elle a l'air ben costaude.

Fernand s'approche, regarde, descend de scène et se précipite sur la femme, ou sur la comédienne en criant.

FERNAND - Oh oui ! Oh ! là ! là ! Elle me plaît bien celle-là !

Facultatif : si c'est une comédienne qui est dans le public, Fernand l'attrape, la prend sur ses épaules et part en courant. La comédienne criera : « Au secours ! Au secours ! »

FIN

* *Cette pièce a été créée en Charente-Maritime. On peut adapter la réponse en fonction de la région.*

AVIS IMPORTANT

Cette pièce de théâtre fait partie du répertoire de la Société des Auteurs et Compositeurs Dramatiques, 11 bis rue Ballu 75442 PARIS Cedex 09. Tél. : 01 40 23 44 44. Elle ne peut donc être jouée sans l'autorisation de cette société.

Nous conseillons d'en faire la demande avant de commencer les répétitions.

Imprimé à la demande par Libri Plureos GmbH, Bad Hersfeld, Allemagne

Première édition, dépôt légal : septembre 2004
N° d'édition : 032103
ISBN : 2-84422-419-9